minimalisme & coleur

minimalisme & coleur

Architecture & Intérieurs & Meubles

Coordination et rédaction
Patricia Bueno

Conception et maquette
Núria Sordé Orpinell

Traduction
Ana Teresa Morel

Directeur de production
Juanjo Rodríguez Novel

Copyright © 2004 Atrium Group

Publication : Atrium Group de ediciones y publicaciones, S.L.
Ganduxer, 112
08022 Barcelona

Tel: +34 932 540 099
Fax: +34 932 118 139
e-mail: atrium@atriumgroup.org
www.atriumbooks.com

ISBN: 84-96099-13-X
Dep. Leg.: B-17892-04

Anman Gràfiques del Vallès
Barberà del Vallès, Spain

contenu

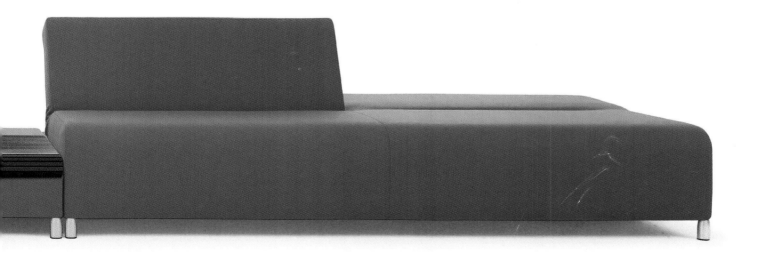

introduction

On ne peut considérer le minimalisme, dans la décoration d'intérieurs, comme une tendance stylistique ou une mode, mais plutôt comme une disposition visant à dépasser ces frontières pour devenir alors une authentique philosophie de vie qui semble prétendre la construction d'une société nouvelle, uniquement attachée à l'essentiel, fuyant de ce fait, un désir matérialiste. Même si les moyens mis en oeuvre sont relativement nouveaux – le minimalisme exerce une influence sur la conception de l'espace domestique depuis un peu plus d'une dizaine d'années – la recherche utopique d'un style de vie basé sur la simplicité remonte à loin. L'origine s'établit bien avant les théories et les formes géométriques du Bauhaus, avant le « moins c'est plus » scandé par Mies van der Rohe : le renoncement rigoureux des cellules monacales au Moyen Âge, l'esthétique de la pauvreté volontaire (le « wabi-sabi ») au Japon ou la spiritualité de la philosophie Zen, avec le culte du vide, font partie de ses sources d'inspiration.

Sous cet angle, l'utilisation de la couleur dans un environnement minimaliste n'est plus une présence paradoxale ou apparemment contradictoire, elle devient plutôt un moyen d'expression et de contraste, capable de transmettre beaucoup avec de simples ponctuations. Cette vision reflète d'une part, un certain essoufflement du minimalisme le plus strict, celui-là même qui prêche l'adhésion totale au blanc et à l'élimination de toutes sortes d'ornements, et d'autre part, sa nécessaire évolution vers des formes plus souples permettant une plus grande liberté de choix pour l'individu.

Vivre dans une atmosphère minimaliste est un choix qui implique un effort de renoncement et de contention, de libération de toutes les choses inutiles, de réduction aux éléments de base. Concevoir un logement minimaliste avec un sens véritable, cela implique une certaine honnêteté avec soi-même et la capacité à vivre avec le minimum. Ainsi, en se basant sur cette démarche de réduction formelle, on renforce les qualités spatiales et matérielles du logement, en créant une ambiance avec une incidence directe sur l'expérience sensorielle. Par conséquent, la couleur contribue à l'enrichissement de cette expérience générée dans le vide, et apporte un sens concret à ce mode de vie.

■

"La suppression de la décoration est
nécessaire pour réguler la passion."

Adolf Loos

Interiors & Minimalism: Influences

Minimalisme & Mouvement Moderne

Pour trouver une définition exacte du Minimalisme, il faut remonter à ses origines dans le Mouvement Moderne, associé au fonctionnalisme, qui se développa en Europe après la Première Guerre Mondiale. Il est né de la réaction d'architectes, de designers et d'artisans, unis par un esprit innovateur, face à l'hégémonie de l'Historicisme présent dans les styles antérieurs. Le résultat fut un tournant radical dans la sensibilité esthétique et culturelle de la société, particulièrement manifeste dans l'art et la littérature.

Les représentants de ce mouvement de nature plus idéologique qu'esthétique, et plus particulièrement ceux qui appartenaient à l'Ecole Bauhaus, considéraient le design comme un moyen d'améliorer la société; que ce soit en changeant la conception de la construction d'édifices, ou dans la création d'une simple chaise.

"Il existe deux façons d'atteindre la joie
et le bonheur. La première consiste à
rehausser la beauté sensuelle de tout
ce qui nous entoure. Et la seconde,
à éliminer tout ce qui pourrait
l'assombrir."

Ou Baholyodhin.

Le mouvement Arts & Crafts, qui se développa aux Etats-Unis et en Grande Bretagne entre la fin du XIXème et le début du XXème siècle, exerça en ce sens une certaine influence sur le Minimalisme. Il opte pour des réformes sociales et esthétiques, à partir de la revendication de l'artisanat et d'un design basé sur des formes simples, droites, et sur des matériaux naturels. Les meubles ainsi créés donnèrent naissance à la géométrie du groupe De Stijl et de l'Ecole Bauhaus, fondée par Walter Gropius en 1919. Aux Etats-Unis, le mouvement se concentra sur un thème central: l'intérêt démocratique à exalter les virtus de la modestie et de la simplicité, dans le design d'objets de la vie quotidienne. De cette relation naissent trois concepts clés, qui constitue aujourd'hui la base des intérieurs minimalistes: géométrie, simplicité et modestie

Certaines formes de la décoration minimaliste nous renvoient également au style du groupe De Stijl, qui se développa entre 1917 et 1928. Il donna naissance à l'un des designs les plus représentatifs du XXème siècle, parmi lesquels les peintures géométriques de Piet Mondrian et le mobilier révolutionnaire de Gerrit Rietveld. Les principales formes utilisées par De Stijl soulignent son lien avec le style minimaliste contemporain: des rectangles et des carrés utilisés sur des surfaces planes aux couleurs primaires intenses, combinés au noir, gris et blanc, et qui s'harmonisent par des lignes droites.

"On s'approprie un lieu dès que
l'on est sincère."

Ou Baholyodhin

Quant aux prémisses esthétiques établies par l'Ecole Bauhaus, en plus de la géométrie, la simplicité et la modestie mentionnées précédemment, il faut ajouter d'autres influences absorbées par le minimalisme. C'est le cas de l'universalité, l'expression directe, la standardisation, l'économie et le recours aux nouvelles technologies, en opposition à l'ambiguïté, l'ornementation, l'individualisme et la complexité. L'Ecole Bauhaus contribua ainsi à la création d'un nouvel environnement domestique, et laissa son empreinte dans le minimalisme actuel. Mais d'une manière plus générale, elle introduisit, à partir de l'union de la technique et de l'artisanat, des innovations pratiques qui affectèrent profondément le design industriel actuel, et vinrent à faire partie de notre vie. A propos de cette Ecole, Frank Whitford déclare dans son livre qui lui est consacré: "Toute personne s'asseyant sur une chaise à la structure tubulaire en acier, utilisant une lampe de lecture ajustable, ou vivant dans une maison construite partiellement ou entièrement d'éléments préfabriqués, jouit des bénéfices de la révolution de Bauhaus dans le design."

L'introduction de notes de couleurs
éclatantes dans un monde de blancheur
nous rappelle que la lumière blanche
est à l'origine de tous les spectres
de couleurs.

A la base de cette révolution, se trouve l'un des principaux défis de la Bauhaus, établi par Gropius: "faire en sorte que les artistes modernes se familiarisent avec la science et l'économie, combinant l'imagination créative à une connaissance pratique de l'artisanat, pour donner un sens nouveau au design fonctionnel". Cette volonté se concrétisa en trois objectifs principaux. Premièrement, encourager les artisans et créateurs des différents domaines artistiques à travailler conjointement et combiner leurs connaissances. Deuxièmement, élever l'artisanat, les chaises, les lampes, les théières, etc., au rang d'œuvres d'art (peinture, sculpture, etc.), et créer un lien sensible entre une maison et ses ustensiles. Troisièmement, établir un contact avec les responsables industriels, dans le but de commercialiser les œuvres, et de d'acquérir une certaine autonomie par rapport aux aides gouvernementales.

Ludwing Mies van der Rohe fut l'un des principaux représentants de l'Ecole Bauhaus, ainsi que son directeur entre 1930 et 1933. Il participa à la genèse du minimalisme, tel que conçu actuellement. Considéré comme l'architecte minimaliste le plus représentatif du XXème siècle, sa notion d'un espace universel fit des vides l'une des pierres angulaires de son travail. Dans les intérieurs, les vides sont modelés et dilatés, pour faire disparaître les frontières entre intérieur et extérieur. Pour cela, il libéra l'espace intérieur des traditionnelles structures et bardages, tels que les colonnes et les parois, qui jusqu'alors servaient à diviser les différentes pièces. Cette nouvelle conception de l'espace semé de vides significatifs, n'est pas sans rappeler les lofts modernes. Paradigme d'un nouveau style de vie, il est basé sur la liberté et la quête des formes essentielles.

■

"Le but de l'art est, après tout,
de créer l'espace – un espace exempt
de décoration ou d'illustration,
un espace dans lequel les sujets
de la peinture peuvent vivre."

Frank Stella, artiste minimaliste

Au sein de l'œuvre de Mies van der Rohe, il convient de citer le Pavillon allemand de Barcelone, construit en 1929 pour l'Exposition Universelle. De nombreux experts le considèrent comme la quintessence de l'abstraction spatiale en architecture. Il illustre parfaitement le parallélisme qui peut être établi entre les fondements de son architecture, et les intérieurs minimalistes actuels. Dans les deux cas, le silence, préétabli comme espace vide, prend tout son sens par l'expérience directe de chacun. Lorsque l'on visite le pavillon, ou que l'on pénètre dans un intérieur minimaliste, et que l'on commence à se mouvoir dans l'espace, un événement pour le moins étrange se produit: l'apparente sévérité et austérité de ces espaces au contenu essentiel, se transforme en une éloquente composition à mesure que l'on se déplace. L'atmosphère se charge d'une spiritualité indescriptible.

Avec l'arrivée au pouvoir des Nazis, l'Ecole Bauhaus ferma ses portes en 1933. La plupart de ses représentants, tels que Gropius et van der Rohe lui-même, émigrèrent aux Etats-Unis. L'adaptation américaine de l'architecture de l'Ecole Bauhaus prit le nom de Style International. Sa technique et son idéologie contribuèrent à développer l'architecture des gratte-ciel, devenant ainsi un symbole du capitalisme. Les œuvres reposent sur le développement d'une architecture impeccable, basée sur des formes géométriques pures. Elles reflètent des concepts tels que la pureté, les surfaces planes et lisses, la simplicité par l'élimination de tout ornement, etc. Parmi ces projets se trouvent ceux de Le Corbusier, l'un des architectes les plus influents du XXème siècle.L'un des exemples les plus célèbres de ce style est l'Edifice Seagram de New York, construit en bronze et en verre, et conçu par Mies van der Rohe, en collaboration avec Philip Johnson.

"Chaque instant éclipse le précédent.
Quoi qu'il advienne, celui-ci même
constitue le présent.
Construit ta maison ici."

Méditation Zen moderne

La volonté des représentants de cette nouvelle architecture était de créer des structures qui deviennent universelles, soient fonctionnellement pures, et qui affirment leur présence, tout en faisant montre d'une grande légèreté. L'utilisation d'une technologie permettant la conception de niveaux ouverts facilitait l'entrée de la lümière naturelle. Cette constante de formes se retrouve dans la majeure partie de l'architecture contemporaine.

Minimalisme & Art

Le terme Minimalisme fut employé pour la première fois pour définir un mouvement artistique qui apparut à la fin des années 60 aux Etats-Unis. Il émergea en réaction au subjectivisme de l'Expressionnisme Abstrait, et à l'avarice visuelle de la société de cette époque. C'est pourquoi les œuvres d'art minimalistes réduisent à un nombre minimum les couleurs, valeurs, formes, lignes et textures. Les représentants de ce style proposèrent de privilégier une quête de l'essence, en éliminant de l'œuvre d'art tout signe de la main de l'artiste. S'éloignant du contexte traditionnel, le minimalisme témoigne d'un rejet à la fois de la notion d'art comme moyen d'expression personnelle, et de la représentation ou symbolisation de tout objet ou expérience.of any type of object or experience.

"Au début du siècle dernier, la décoration
se déclinait dans tous les domaines, de la
pinte de bière à la poignée de porte.
Adolf Loos a décelé dans ce phénomène,
un mélange de réalité et de fantasme,
nettement préjudiciable pour les deux.
Les débuts de la création d'objets
courants se devaient d'être uniquement
objectifs et déterminés par les fonctions
à remplir par l'objet."

A. Janik and S. Toulmin

De cette manière, l'art puise ses références dans l'art lui-même. Il devient capable de présenter, au lieu de représenter. En défendant les notions de géométrie, de clarté, de précision, et d'autonomie entre les objets, les artistes minimalistes mettaient l'accent sur le réel, le matériel, l'ici et le maintenant. Frank Stella, l'un des représentants de ce mouvement, résuma parfaitement cette idéologie lorsque, à propos de l'un de ses tableaux, il déclara: "Ce que tu vois, c'est que tu vois".

En réalité, l'extension de l'étiquette minimaliste à d'autres formes d'expression, telles que la musique, le cinéma, la danse, la littérature ou l'architecture, rend difficile toute définition précise de ce mouvement. Le style minimaliste que l'on retrouve dans toutes les formes d'art en général, est caractérisé par une sévérité des moyens utilisés, une clarté dans la forme, et une simplicité, tant de la structure que de la texture.

La couleur joue un rôle prépondérant
dans le monde qui nous entoure.
Utilisée correctement, elle peut conduire
à une économie de la consommation
d'énergie. Utilisée à tort, elle peut
contribuer à la pollution globale.

Les artistes minimalistes utilisent le silence, la répétition, et l'exposition du procédé, pour provoquer chez le spectateur une sorte de réceptivité méditative. Le silence est principalement vu comme un espace: quiétude, vide, essence et absence, créent un espace qui stimule la méditation passive. Les arts visuels utilisent largement l'espace, tant par l'absence d'images définies sur une étoffe unie de couleur, que dans l'air fluant autour d'une sculpture en forme de cube, posée directement sur le sol d'un musée. C'est ainsi que des musiciens comme John Cage ou Karlheinz, ou encore des artistes plastiques tels que Frank Stella, Dan Flavin ou Donald Judd, parviennent à intégrer dans l'esprit du public des notions qu'il est pratiquement impossible de retrouver dans l'environnement urbain: silence, espace et absence. Quant au procédé de répétition, il consiste à utiliser des designs similaires, tels que la répétition de lignes. Comme le recours au silence, il parvient à créer un espace méditatif, tout en s'attachant à ne pas tomber dans l'ennui. Enfin, l'exposition du procédé suppose une utilisation minime de complexités techniques. L'artiste simplifie la méthode artistique, et montre ainsi au public ce qui se cache derrière l'art. Ce procédé fut particulièrement utilisé dans la sculpture. Les œuvres descendirent en effet de leur piédestal, pour être posées à même le sol de la salle d'exposition, permettant aux visiteurs d'évoluer librement autour de l'œuvre. Une nouvelle relation s'établit entre l'artiste et le public. L'espace occupé par la sculpture est également très important; il change la façon de contempler l'art dans les galeries. La sculpture acquiert de cette manière une nouvelle autonomie.

■

"La conception d'un meuble implique
aussi celle de son environnement, et son
utilisation, son emplacement et sa
relation avec les autres meubles,
constituent les moyens mis en œuvre
pour participer aux rituels quotidiens
du comportement domestique."

Antonio Citterio

Ce mouvement rompit également d'autres conventions artistiques de l'époque. Ce fut le cas du sculpteur Donal Judd, qui exprima son opposition au concept traditionnel d'originalité. Il utilisa des procédés industriels, et des matériaux comme l'acier, le béton ou des panneaux de contreplaqué. Il créa des sculptures vides, de grandes dimensions, généralement en formes de boîtes, qu'il disposait en formes géométriques simples et répétitives.

En observant un intérieur minimaliste plus ou moins pur, le parallélisme avec ce courant artistique devient manifeste. Bien que cela puisse paraître quelque peu excessif, on peut affirmer que ce qui débuta aux Etats-Unis dans les années 60 comme un courant artistique, devint un véritable style de vie. Ce fut probablement le meilleur exemple de la vie imitant l'art.

D'où l'affirmation possible que les propositions des artistes minimalistes furent à la base de la conception minimaliste de l'espace habitable. D'un côté, sa composante idéaliste reflète la volonté de neutraliser les valeurs d'une société fortement industrialisée. D'un autre, cette volonté est liée à son application pratique: le rejet de tout aspect narratif, symbolique, mimétique ou fétichiste, en éliminant le contenu de l'objet, et faisant de sorte que la signification naisse de la seule perception du spectateur ou habitant. Le silence, le vide, la quiétude, l'espace, l'absence, la simplification méthodologique, l'indépendance par rapport à la tradition, la géométrie ou l'importance de la texture, inhérents aux œuvres d'art minimalistes, trouvent une continuité dans ce nouveau style de vie.

Le concept "la forme suit la fonction"
incarne la volonté du Mouvement
Moderne de remplacer les objets
inutiles par des formes
indispensables.

Une analogie se dégage également dans le résultat final de l'œuvre d'art et de l'intérieur minimaliste: l'essentialisme du minimalisme nous incite à l'introspection, pour tenter de découvrir la raison pour laquelle une forme ou une couleur données transmettent une émotion si puissante, indépendamment de tout contexte rationnel ou de toute sorte d'associations secondaires. En d'autres termes, ces deux moyens d'expression, même dans leur forme la plus austère, peuvent transmettre une émotion et un plaisir esthétique, résultats de la volonté de clarté et d'ordre parfaits. Le succès du minimalisme, tant dans la décoration que dans l'art, vient sans doute précisément de sa capacité à invoquer les passions les plus universelles, grâce à l'austérité des moyens employés, et en défiant le passage du temps.

Minimalisme & Zen

Les intérieurs minimalistes occidentaux se sont clairement inspirés de concepts défendus par quelques philosophies orientales, et plus particulièrement le bouddhisme Zen, pour créer une certaine philosophie de vie. Dans sa quête de l'essence des choses, et de la fuite du désordre et de l'excès, la philosophie Zen repose sur les mêmes principes que le minimalisme. Le Zen veut éliminer de l'environnement tout effet superflu, pour parvenir à une simplicité permettant de mieux se concentrer, et d'apprécier ce qui nous entoure avec une sensibilité plus profonde et directe. C'est ce principe qu'incarna le rêve minimaliste du XXIème siècle.

Le style géométrique du Bauhaus
a inspiré le Minimalisme pendant
les années 60 et 70, au détriment
des formes aérodynamiques
des années 50.

C'est un style de vie détendu et libre d'obstacles ou d'objets inutiles, qui empêchent d'apprécier la beauté intérieure de ce qui reste, de l'essence obtenue par l'élimination du superflu. Il correspond en cela à la philosophie des maisons japonaises traditionnelles, dont l'austérité n'est pas vécue comme une privation, mais comme un secours de l'être intérieur, en bannissant de notre entourage le désordre, l'ostentation, la vanité et la nostalgie excessive.

La plus fidèle expression de cette austérité se trouve sans doute dans le style le plus pur de l'architecture des maisons de thé. Les méthodes de cette architecture s'étendirent à d'autres types de construction, et furent à l'origine du style connu comme Sukiya-zukuri. Le principe est de ne pas s'intéresser au matériau de construction, mais au vide qu'il contient. D'où les expressions "maison de l'âme" ou "maison du vide" pour définir les maison de thé. On peut ainsi affirmer que ce style architectonique, développé principalement par les moines zen à la fin du XVIème siècle, est le seul, avant l'apparition du Mouvement Moderne, à rejeter l'incorporation d'éléments décoratifs, l'ostentation et la complexité, en faveur de la simplicité et de la contention.

Le fait qu'un espace vide ait une
signification alors qu'un autre n'en aura
pas est une question de millimètres
répartis dans un sens ou un autre.

Dans la construction des maisons de thé, connues comme chashitsu, la forme dérivait directement de la fonction (ce qui n'est pas sans rappeler l'un des principaux postulats du fonctionnalisme). En effet, elles devaient d'un côté répondre au besoin de réunir autour d'une tasse de thé, et dans le plus grand calme, un petit groupe de personnes (six tout au plus). D'un autre côté, elles devaient permettrent de parvenir à une profonde satisfaction spirituelle, grâce à l'action même de boire le thé, et à la contemplation silencieuse, objectif principal de la cérémonie du thé. Certains moines Zen apportèrent quelques innovations à la cérémonie du thé. Parmi eux, Rikyu (1522-91), fondateur de la cérémonie telle qu'elle se pratique aujourd'hui au Japon. Il estimait que l'esprit qui présidait la cérémonie devait réunir quatre éléments: l'harmonie, la révérence, la pureté et la tranquillité. Selon Rikyu, l'homme était en général trop égoïste et trop préoccupé à se protéger des autres et du monde. C'est pour cette raison qu'il décida de créer, à travers l'art du thé, une atmosphère de profonde tranquillité, de manière à ce que les hommes ne se sentent plus menacés par le monde. Cette tranquillité permettrait à chacun de ressentir l'harmonie qui se trouve dans la nature, et de parvenir à une pureté de cœur qui rende possible cette compréhension de la nature. Cette pureté apporterait à la personne un tel sentiment de bien-être, qu'il en viendrait à respecter toutes les créations de la nature. Aussi, la cérémonie du thé est une excellente méthode pour échapper à la colère et à la jalousie présentes dans la vie de tous les jour, à l'auto-compassion et au besoin d'auto-défense, et de parvenir à un esprit qui transcende les formes. Ce que crée le chashitsu, c'est un poème de l'éternité sous couverture d'édifice.

"...Les meubles, et même les murs qui
séparent les pièces, ne sont pas
compacts, monumentaux, apparents
ou vraiment fixes ; ils représentent
plutôt des éléments vaporeux qui
semblent jaillir dans la pièce, comme si
quelqu'un les avait dessinés."

Marcel Breuer, 1928

Un autre exemple surprenant de l'effet de spatialité vide qui imprègne les maisons de thé, se trouve dans les traditionnels jardins secs de sable. Dans ces jardins, les pierres espacées entre elles soulignent l'absence de quelque chose. Dans les deux cas, la richesse de la simplicité, la fascination pour l'absence, ou le respect du détail sont manifestes. Ils s'éloignent nettement de la pensée occidentale "classique", mais se rapprochent du minimalisme, en tant que moyen dont nous disposons dans la société actuelle de nous rapprocher de cette dimension particulière de l'esthétique, en absorbant, autant que faire se peut, sa capacité à puiser la transcendance dans la simplicité.

A propos de cette "simplicité transcendante", il convient de souligner un autre concept inhérent à l'esthétique Zen, le sabi (et le wabi). Il se réfère à une quête de la simplicité la plus stricte ou "puritaine", à la pauvreté des moyens et à la qualité d'une certaine imperfection. Mais il signifie également le mélange d'esthétique et d'éthique, la libération de la colère, de l'envie, et de l'inquiétude. Le wabi peut également être vu comme un élément de renonciation et d'absence, dans leur sens le plus positif. Lorsqu'un intérieur est élaboré selon les concepts de wabi et de sabi, il permet à son occupant de jouir d'une relation intime avec son environnement. L'habitant peut en effet remplir les espaces vides de son entourage, en les complétant dans son esprit. Son esprit devient ainsi partie de lui, et il devient partie de son esprit.

" L'architecture qui ne se rapporte à rien
d'extérieur à elle-même, qui ne fait
pas appel à l'intellect, donne
systématiquement la préférence
à l'expérience directe, à l'expérience
sensorielle de l'espace, de la matière
et de la lumière, et ceci pourrait
expliquer la richesse de la simplicité."

Hans Ibelings

Ce concept de spatialité développé par l'architecture japonaise tradition-
nelle - ou Sukiya-zukuri - inspira certains des architectes modernes les plus
connus de l'histoire. C'est le cas de Frank Lloyd Wright ou de Mies van der
Rohe. Cette philosophie particulière consiste à considérer l'espace non comme un espace délimité par des murs ou des toits, mais comme un espace in-
dépendant, et qui puise sa valeur dans le vide même. La pensée bouddhiste
Zen affirme que la nature de chaque chose est vide (shunya). Cependant, ce
vide (shunyata) n'est pas synonyme de "néant"; il désigne l'identité des choses.
Ces expressions de l'architecture ou d'autres formes d'art visuel ne sont donc
pas le reflet, mais l'incarnation matérielle de ce vide spirituel, quête de l'adepte
bouddhiste et, permettons-nous d'ajouter, de l'adepte minimaliste.

Se tourner vers ce courant de pensée bouddhiste, qui domina la pensée
japonaise pendant presque mille ans, répond à la nécessité de trouver de nouveaux moyens d'expression. Il permet de parvenir à une certaine spiritualité et
tranquillité, dans un style de vie occidental frénétique et saturé. Sans pour autant en venir à l'austérité et au vide extrême des maisons de thé traditionnelles, il
est possible d'essayer de chasser de nos foyers tout élément superflu. Cette démarche permettrait de recréer l'atmosphère profondément paisible, élaborée
par le maître Rikyu dans la cérémonie du thé. Elle nous aiderait à mieux nous
connaître, et à nous sentir en harmonie avec le monde extérieur. Ces intérieurs
permettraient ainsi de jouir du présent; des intérieurs qui transmettent un équilibre
et un ordre, qui éliminent la vanité grâce à la simplicité; des intérieurs durables,
éternels, résistants au changement de la mode et au passage du temps.

"L'évolution culturelle équivaut à
l'élimination des ornements sur tous
les objets du quotidien".

Adolf Loos

Intérieurs & Couleur: Concepts

Couleur & Perception

La couleur est l'essence de la lumière, et la lumière est l'essence de la vie. La perception de la couleur est une expérience subjective, étant donné qu'elle n'est pas une propriété de la matière, mais une sensation produite par le reflet de la lumière sur la matière, et transmise par l'œil au cerveau. En d'autres termes, la couleur des objets résulte de la modification que connaît la lumière lorsqu'elle se reflète sur ces objets. La lumière blanche que nous percevons est la fusion de toutes les couleurs du spectre. Si nous voyons la matière de couleur blanche, c'est qu'elle reflète toute la lumière. Si nous la voyons d'une certaine couleur, c'est que la matière reflète sur sa surface les longueurs d'onde de cette même couleur, et qu'elle absorbe les autres. Si nous voyons la matière de couleur noire, c'est qu'elle absorbe toute la lumière.

La perception de la couleur provoque chez chacun un ensemble de sensations et de réactions, qui dépendent d'une série de facteurs qui se conjuguent, et qui sont généralement liés au vécu et à l'héritage culturel. Parmi ces facteurs, les plus importants sont: les relations chromatiques (la perception d'une teinte dépend de sa relation avec les teintes qui l'entourent); les relations de surface (influence de la taille de la surface colorée); la texture; la valeur symbolique, culturelle et emblématique; et les effets d'optique (ou illusions chromatiques).

Le rapport des valeurs et des
saturations, la chaleur ou la froideur
des couleurs pures peuvent engendrer
des différences importantes dans notre
perception de la couleur

Quant à la texture, forme avec laquelle une surface reflète, absorbe ou transmet la lumière, et avec laquelle les couleurs et les textures qui l'entourent influencent sa propre couleur, elle nous informe pour mieux connaître les objets que nous percevons. Elle nous aide à déterminer la forme d'un objet, et sa position. Une même teinte, sur différentes surfaces ou matériaux (métal, bois, coton, velours, lin, etc.), peut paraître complètement distincte. Par exemple, une table laquée d'un rouge brillant reflète la lumière et intensifie la couleur. Alors que ce même rouge, utilisé pour un tissu très épais, sera beaucoup plus terne.

Les couleurs ont également une valeur symbolique. En décoration d'intérieurs, l'une des attributions principales est la sensation thermique des couleurs. En effet, certaines couleurs paraissent plus chaudes (comme les jaunes, rouges et orangés), et d'autres plus froides (les bleus, verts, violets et similaires). La température de la couleur influe directement sur la perception de l'espace d'une pièce. Les couleurs chaudes ont plutôt tendance à avancer, se rapprocher de l'observateur.

"Les objets n'atteindront jamais, après
le post-Modernisme, la transparence
des projets de la précoce modernité
industrielle, et ceci malgré leur discrétion
qui se rapproche de celle d'antan.
Les objets doivent avoir quelque chose
de particulier qui nous incite à nous
refléter dans les qualités sensorielles
de ce que nous avons face à nous".

Marcello Ziliani

84

La température de la couleur influe directement sur la perception de l'espace d'une pièce. Les couleurs chaudes ont plutôt tendance à avancer, se rapprocher de l'observateur. Les couleurs froides reculent, elles donnent l'impression de s'éloigner. Ainsi, un meuble de couleur rouge semblera plus proche qu'un meuble bleu, bien que tous deux à la même distance. C'est ce qui explique qu'une pièce, dont les murs sont peints d'une couleur chaude, donne l'impression d'être accueillante et protectrice. Elle est cependant visuellement plus lourde, et paraît plus petite. A l'opposé, une pièce aux murs peints d'une couleur froide (ou d'une couleur de faible intensité ou saturation) paraît plus spacieuse et paisible, bien qu'elle ait tendance à refroidir l'ambiance. En général, la juxtaposition de couleurs chaudes et froides tend à intensifier les deux. La couleur sert également à agir sur l'espace, à modifier les proportions apparentes d'une pièce. Aussi, lorsque la pièce est étroite et allongée, il est possible de donner l'impression qu'elle est mieux proportionnée, en peignant le mur de l'extrémité de la pièce d'une couleur plus sombre. De la même manière, l'effet d'une pièce trop carrée pourra être atténué, en peignant l'une des parois d'une teinte plus intense que les trois autres.

La lumière, naturelle ou artificielle, exerce également une influence déterminante sur la perception de la couleur. Par exemple, la lumière chaude d'une ampoule incandescente intensifie les jaunes et les rouges, alors qu'elle éteint les couleurs froides. Les lampes halogènes produisent une lumière plus blanche et brillante. La lumière fluorescente intensifie les couleurs froides, et ternit les couleurs chaudes. D'autre part, l'orientation de la pièce déterminera la qualité de la lumière qu'elle recevra. Les pièces orientées nord reçoivent moins de lumière directe, et tendent à être plus froides. Les pièces orientées sud reçoivent en revanche une lumière plus chaude. Généralement, dans le but d'équilibrer la température de l'atmosphère, les couleurs chaudes sont utilisées pour les pièces orientées nord, et les teintes plus froides pour celles orientées sud..

La lumière et l'ombre montrent
la poésie de la forme, tout comme
les plis d'un kimono révèlent
les positions cachées du corps.

Une autre variable influant sur la perception de la couleur, est la relation entre forme et fond. Modifier le contexte peut fausser la perception de la forme primitive. La relation d'un objet ou de sa forme avec son environnement répond à notre tendance à sélectionner et ordonner ce que nous voyons: toute forme que nous percevons, est une silhouette sur un fond. Certaines personnes se sentent même désorientées lorsque les relations entre forme et fond ne sont pas apparentes; par exemple lorsque le sol, le mobilier et les murs sont de la même couleur. Dans ce cas, les objets que nous voyons ne sont que des couleurs de types et de formes différentes.

Couleur & Interaction

Les couleurs peuvent être obtenues à partir d'une base simple de trois longueurs d'onde ou pigments qui, mélangés, donnent une large gamme de teintes intermédiaires. Ce sont les dites couleurs primaires (le rouge, le bleu et le jaune), qui sont à la base de toutes les autres couleurs. Les mélanges de deux couleurs primaires donnent les couleurs secondaires: l'orange (jaune + rouge), le vert (jaune + bleu), et le violet (rouge + bleu). La combinaison d'une couleur primaire et de l'une de ses couleurs secondaires correspondantes, donne l'une des six couleurs tertiaires.

" ... créer encore et toujours des
meubles, des objets et des articles pour
la maison, n'est pas la solution aux
problèmes du logement, ni de la vie en
soi. Aucun embellissement n'est suffisant
pour atténuer les ravages du temps,
les erreurs de l'homme, ou la bestialité
de l'architecture. La solution consiste à
se détacher encore plus de ces activités
de création, en adoptant peut-être
la technique d'un effort minime dans
un processus général de réduction."

Groupe de design Superstudio

Les couleurs sont définies par trois variables métriques permettant de les classer, et d'obtenir un système d'identification de toutes les combinaisons chromatiques possibles. Ces variables sont la teinte, la valeur, et la saturation. La teinte ou nuance est la variation qualitative de la couleur. Elle dépend de la longueur d'onde de sa radiation. L'œil humain est capable de percevoir 12 000 teintes différentes. Les couleurs sans teinte - le blanc, le noir, et les gris neutres - sont appelées achromatiques ou neutres. La valeur ou luminosité est la quantité de lumière que reflète une couleur. Le blanc est la couleur à plus haute valeur. Chaque couleur a un degré de luminosité différent, allant du clair au sombre. La saturation ou intensité est le degré de prédominance d'une teinte. Une couleur pâle est peu saturée, et les couleurs primaires sont celles qui ont le plus haut degré de saturation. Il est possible de modifier la saturation d'une couleur en ajoutant du blanc ou du noir, dans le but de la rendre plus brillante ou plus terne.

Le cercle chromatique est un système visuel de classement des couleurs, qui prend comme base les couleurs primaires et leurs combinaisons binaires. Il est particulièrement utile dans la décoration, car il permet de mieux comprendre les rapports d'harmonie et de contraste reliant les couleurs. On peut ainsi créer les schémas de couleur qui s'adapteront au mieux aux goûts et projets de chacun. Sur le cercle, en face de chaque couleur se trouve sa couleur complémentaire.

"Leur masse n'occupe aucun espace."

Marcel Breuer, en décrivant
ses chaises en tubes d'acier

Ces relations chromatiques montrent que la perception d'une teinte est relative. Elle dépend en effet du lien avec ce qui l'entoure, et avec les autres teintes, ce qui peut altérer visiblement l'aspect de toutes les couleurs utilisées. Dans cette comparaison, il est important de prendre en compte les variables de teinte, de valeur et de saturation. Le cercle chromatique montre que la juxtaposition des couleurs complémentaires crée le plus fort contraste de couleurs, et accentue leurs différences et leur intensité. A l'opposé, les tons plus ou moins similaires établissent entre eux une relation d'affinité.

Différentes sortes de combinaisons de couleurs peuvent être utilisées en décoration. Elles permettront de créer des ambiances harmonieuses, agréables à l'œil, donnant une impression intrinsèque d'ordre, dans un juste milieu entre l'ennui ou le manque d'intérêt, et le chaos ou l'extrême complexité. Il n'existe aucune règle fixe, étant donné que l'harmonie sera finalement le résultat de l'expérimentation et de l'esthétique personnelle. Néanmoins, les principales combinaisons sont: les monochromatiques, basées sur les variations de valeur et de saturation d'une seule couleur; les analogues, qui combinent des couleurs proches dans le cercle des couleurs; et les complémentaires, résultat de la combinaison de couleurs opposées dans le cercle des couleurs.

"Les meubles ne sont pas des objets
morts car ils nous influencent par leurs
formes subtiles. Leurs qualités ou leurs
faiblesses particulières nous marqueront
à vie : de manière définitive, elles nous
grandiront ou nous rabaisseront, elles
nous récompenseront ou nous puniront."

Leon Krier

Couleur & Psychologie

Les couleurs que nous percevons autour de nous ne se contentent pas de nous donner une image objective du monde. Elles agissent également sur nos sentiments et notre état d'âme. Réciproquement, notre perception d'une couleur est sujette à l'influence de facteurs psychologiques et sociaux. En effet, nous réagissons différemment face à une couleur, suivant notre personnalité, et suivant les significations concrètes que notre culture donne aux différentes couleurs. C'est pourquoi l'aspect symbolique d'une couleur peut avoir des connotations tout à fait distinctes selon l'époque et la culture, et y compris au sein d'une même culture. En réalité, l'attribution d'une signification particulière à une couleur est aussi vieille que l'humanité. Par exemple, selon les époques et les cultures, la royauté était représentée par la couleur pourpre sous l'Empire Romain, par le bleu en Europe à partir du XIIIème siècle, et par le jaune dans la Chine Impériale.

Le besoin de l'être humain de donner une signification aux couleurs, est directement lié à la nécessité de ressentir un certain bien-être par la seule perception de ces couleurs. Certains auteurs déclarent que la capacité de l'être humain à ressentir les couleurs découle directement de sa volonté d'avoir du plaisir et de la nécessité de survie.

Frank Lloyd Wright concevait un
édifice comme une création complète
où le mobilier intérieur devait être en
harmonie avec la géométrie et les
matériaux de la structure, elle-même
créée pour s'intégrer dans un lieu
géographique déterminé.

Selon Goethe, "les couleurs agissent sur l'esprit. Elles peuvent y faire naître des sensations, réveiller des émotions et des concepts qui nous apaisent ou nous agitent, qui provoquent la tristesse ou la joie". Il apparaît ainsi que les couleurs jouent un rôle fondamental dans le monde dans lequel nous vivons et donc, dans notre propre vie. Elles sont capables d'agir sur nos émotions et de provoquer certaines réactions et associations. Les couleurs peuvent animer ou déprimer, stimuler ou apaiser, unifier ou diviser, agrandir ou réduire, inviter à l'échange ou au conflit, susciter l'intérêt ou la confusion. En définitive, elles contribuent à l'image que nous avons de nous-mêmes et des autres. C'est la raison pour laquelle le choix des couleurs pour notre intérieur ne doit pas être fait au hasard; il est nécessaire de prendre en compte tous ces aspects.

En général, et en dépit des nuances apportées par les nombreuses études sur les effets psychologiques des couleurs, chaque couleur du spectre (ou couleur de l'arc-en-ciel) est associée à des effets émotionnels donnés. Il peut être utile de les connaître, au moment de choisir la couleur d'un mur ou d'un meuble:

Observer les effets qu'exercent
les couleurs entre elles, c'est le point
de départ pour comprendre la relativité
de la couleur

ROUGE: les teintes rougeâtres donnent une impression de chaleur, et tendent à se rapprocher de l'observateur. C'est le résultat d'une plus grande longueur d'onde et donc, d'une distance focale plus courte. D'un point de vue symbolique, il est associé à la joie et au bonheur, ainsi qu'au cœur, à la chair, à l'émotion et à la passion. Le rouge intense est excitant, et c'est la couleur ayant le plus grand impact émotionnel. Lorsqu'il tend vers le rose, il devient plus apaisant, agréable et féminin. En décoration, le rouge intense se combine à la perfection avec les couleurs neutres, telles que le blanc ou le noir (ce qui accentue encore plus sa force expressive), ou avec les tons marrons.

ORANGE: selon les propres mots de Wassily Kandinsky, "L'orange est un rouge rapproché de l'humanité par le jaune". C'est une couleur incontestablement chaude, associée à l'automne et à la terre. Il est stimulant, d'esprit optimiste, et générateur d'énergie et de bonheur. D'un point de vue psychologique, il agit comme le jaune: animé, expansif, riche et extroverti. C'est une couleur très associée à la nourriture, ce qui explique qu'elle est souvent utilisée pour les cuisines.

JAUNE: couleur traditionnellement associée à l'intelligence. C'est la couleur du printemps, du soleil, de la lumière, de l'intensité, de la joie, capable de stimuler et d'animer. Sous sa forme la plus pure, il diffuse de la chaleur et de l'inspiration. Particulièrement utilisé pour les chambres d'enfants. En Chine, il est vénéré comme une couleur propice depuis des temps immémoriaux.

Le Shubui est un aspect fondamental
de la philosophie Zen qui suppose,
notamment, le renforcement de
l'autodiscipline, et qui invite à se défaire
de tout ce qui n'est pas essentiel.

VERT: c'est la couleur de la vie, de la puissance silencieuse de la nature. On lui attribue des effets reposants et des propriétés calmantes. Souvent associé aux qualités de stabilité, de sécurité et d'équilibre émotionnel. C'est l'une des couleurs les plus ambivalentes du spectre, celle qui possède le plus de significations opposées: elle est associée à l'envie et à l'amour, car couleur de Vénus. En peinture et en décoration, le vert est utilisé pour donner de la perspective. Une croyance très ancienne lui attribue des effets bénéfiques et relaxants sur la vue.

BLEU: couleur de l'esprit, du ciel et de l'eau. Associé à un caractère noble. Il fait partie des couleurs dites froides et, en opposition aux couleurs chaudes, il donne l'impression de s'éloigner. C'est le résultat d'une longueur d'onde plus courte, ce qui augmente la distance focale et le fait paraître plus éloigné. Un environnement bleu a un effet calmant; il peut même parvenir à faire baisser la pression sanguine. Bien qu'il soit une couleur fondamentalement saine, il peut parfois signifier mélancolie ou tristesse. Particulièrement recommandé pour les chambres ou lieux de détente.

VIOLET: naît de l'union de deux opposés, le rouge et le bleu, absorbant la passion de l'un et la spiritualité de l'autre. Ce contraste génère des tonalités pouvant provoquer le désir ou l'aversion (connues comme tonalités "psychologiquement oscillantes"). Par conséquent, ces tonalités peuvent évoquer des délicatesses célestes ou des grandes richesses lorsque habilement combinées, mais elles peuvent paraître décomposées lorsqu'elle sont associées maladroitement. Le violet est lié à l'intimité et à la sublimation, et exprime des sentiments profonds. Quant au pourpre, il est synonyme de sensualité. La lumière violette est celle qui possède la plus forte énergie. Non sans vain, Claude Monet déclara un jour: "... j'ai enfin découvert la véritable couleur de l'atmosphère, c'est le violet. L'air frais est violet."let."

L'ornement n'a pas sa place dans
la tradition Zen parce qu'il découle
de l'aspect superficiel et ostentatoire
de notre âme.

Minimalism & Colore: Expressive Simplicity

A la lumière ce qui vient d'être exposé, que signifie exactement vivre dans une atmosphère régie par les principes de minimalisme, et par ceux de la perception et de la psychologie de la couleur? Cela suppose tout d'abord de répondre à certaines nécessités établies par la société actuelle dans les pays industrialisés. Et quant aux besoins de l'homme en particulier, il signifie également dépasser le minimalisme le plus strict et austère, qui marqua la décoration d'intérieur des années quatre-vingt-dix.

Le minimalisme répond aux besoins de la société, en cela qu'il se présente comme une réelle philosophie de vie. Il prêche le besoin d'un style de vie basé sur la simplicité, rejetant la surconsommation excessive imposée par les médias. Il doit être appliqué en connaissance de cause, c'est-à-dire en réponse à un besoin intérieur, et non à une mode ou à une tendance stylistique nouvelle. La création d'un environnement vital basé sur la simplicité, pourrait de cette manière être qualifiée de révolution, et bien entendu, de libération.

"Ce sont les personnes qui déterminent le
dimensionnement de tous les meubles."

Friedrich Wilhelm Möller

Dans ce sens, le minimalisme en décoration peut généralement être défini comme un regard sur la spontanéité du présent. Le présent est vécu comme un moment de liberté, débarrassé de la charge du passé, et insouciant de l'avenir des choses. Comme le soulignent les postulats du mouvement artistique et du bouddhisme Zen, ce qui importe, c'est l'expérience immédiate de l'ici et du maintenant. C'est une quête de la beauté nue du moment, qui trouve son expression maximum dans un minimum d'ornementation, ce qui lui permet de fluer librement dans l'espace et dans le temps. Il s'agit en réalité d'un processus complexe de libération de tout effet superflu. C'est une réaction face à l'artificialité de la tendance actuelle à accumuler toutes sortes d'objets inutiles et rapidement obsolètes. Ce besoin du minimalisme de s'en remettre aux formes élémentaires suppose un retour à l'authenticité, à la qualité intrinsèque des matériaux et des textures, face à la superficialité et l'illusionnisme de l'objet inutile.

Le concept industriel de fonctionnalité
maximale oriente tout spécialement
la création de cuisines minimalistes,
qui semblent graviter autour
d'un noyau généralement coloré

Prenant cette définition comme point de départ, la couleur joue un rôle primordial dans la création d'espaces plus "humains", qui répondent au besoin de chacun de vivre entouré de couleurs. D'un point de vue psychologique - car les couleurs ont une influence sur l'état d'esprit -, et d'un point de vue physiologique, car elles permettent de mieux percevoir les formes en se détachant du fond et des autres objets. De cette manière, les touches de couleur permettent des perceptions directes et évidentes; elles contrastent avec la légèreté des contours et des formes propres au minimalisme, qui se trouvent parfois diluées dans l'espace. Lorsque le minimalisme et la couleur sont correctement unis, et à juste dose, la bonne ordonnance de chaque transmet l'harmonie dans la composition. L'impression qui s'en dégage, est que rien ne peut y être ajouté ou supprimé. Tout répond à une volonté et à une fonction données. Tout est lié: la situation et la proportion des objets, ainsi que des vides qui les séparent, et la distribution des couleurs, tant de l'espace, que du lieu qu'il occupe. L'ensemble est un tout compact. La distribution de ces objets et des couleurs doit former une composition dynamique. Elle doit transmettre au regard une certaine tension, pour éviter la monotonie ou l'ennui que pourrait provoquer un intérieur trop neutre. Les formes, les couleurs, les textures ou la lumière, sont des recours susceptibles de créer des centres d'attention qui, à partir d'une certaine asymétrie, créent le mouvement.

■

"Je crois qu'il est difficile de concevoir
une «belle table » ; cela ne dépend
pas seulement des instruments que
l'on utilise, mais aussi d'un savoir
utile, fragile, incertain, avec lequel
on parvient parfois (pourquoi ?
comment ?) à canaliser dans
le projet d'un évènement
la perception totale de notre
aventure cosmique, bien qu'elle
soit provisoire, suspendue et
incompréhensible."

Ettore Sottsass

En d'autres mots, le minimalisme implique un effort de réduction qui ne laisse visible que le nécessaire, l'essence. Le reste est superflu. Et dans cette quête de formes géométriques pures et dénudées, la couleur joue un rôle prépondérant. Sa capacité descriptive est indiscutable. Elle transmet à elle seule un discours narratif de manière implicite, inconsciente et significative, utilisant comme moyen d'expression une texture donnée. Aussi, l'introduction de couleurs vibrantes dans ce type d'intérieurs, que ce soit pour le mobilier ou la peinture des murs, ajoute un certain impact visuel. En plus de donner de la vie à l'atmosphère, elles rompent la neutralité caractéristique de ce style. La philosophie Zen elle-même prône l'utilisation de la couleur dans les intérieurs. Chaque couleur apporte sa personnalité et ses attributs, tout comme la touche d'une épice dans un plat.

Ainsi, dans une atmosphère caractérisée par l'accent sur la fluidité de la lumière et de l'espace, les subtilités de la couleur sont soulignées, pour mettre en évidence l'infinité d'effets produits par les variations de textures ou de support. Les effets les plus marqués sont obtenus en opposant visuellement des textures et des couleurs sur des murs blancs ou, à l'autre extrémité de la palette chromatique, sur des murs noirs. En ajoutant des touches inattendues de couleurs brillantes ou naturelles, l'atmosphère se remplit de nouveaux centres d'attention, qui personnalisent la pureté esthétique de l'espace. C'est là le résultat de la nécessaire évolution du minimalisme le plus sévère. En effet, il ne faut pas tomber dans le piège d'associer le minimalisme à la seule couleur blanche. Cela reviendrait à l'erreur de considérer le vide comme une absence de contenu.

Les couleurs chaudes sont par excellence
le jaune, le orange et le rouge. Cette
dernière est la plus intense ; elle active
l'adrénaline plus qu'une autre couleur
pure et instaure une atmosphère
propice à la conversation

C'est ainsi que l'espace, les matériaux et les textures, la lumière et les couleurs, le tout enveloppé dans une nette simplicité des formes, sont à la base de la signification de ces intérieurs. Pour cette raison, le choix des couleurs est loin d'être fortuit. Lorsqu'un détail comme celui-ci a tant de conséquences, les petits choix peuvent avoir une importance de premier ordre. En évoluant dans ces espaces, les changements de perspective soulignent la délicate harmonie de l'ensemble. Les couleurs produisent des impressions distinctes selon l'incidence de la lumière, et de sa relation avec les autres éléments de la pièce. Par conséquent, le vide se remplit de contenu. S'établit alors une cohabitation équilibrée entre le désir de silence ou de simplification, et l'éloquence de la couleur, ce qui enrichit l'expérience sensorielle générée par ces espaces.

Le fameux "moins, c'est plus" de Mies van der Rohe apporte à ces intérieurs une atmosphère de plénitude, et cela grâce à la simplicité géométrique, à l'austérité du vide, à la charge émotive de la couleur, et à la force vitale du présent. L'ornementation de l'espace intérieur est remplacé par la recherche de la plus grande maîtrise de ses qualités spatiales. Cette démarche a deux conséquences immédiates. Premièrement, elle permet de tracer une connexion directe entre architecture et décoration d'intérieur. Deuxièmement, elle répond au besoin d'honnêteté envers soi-même. Elle conduit à l'essence, par une conviction non seulement esthétique, mais que l'on pourrait qualifier de morale. En effet, elle élimine le superflu des décorations et artifices ornementaux des intérieurs traditionnels, et met ainsi à découvert les imperfections, tant de l'architecture que de l'âme.

■

"La recherche constante de la simplicité
archétypique devrait justifier par
elle-même la naissance d'un nouvel
objet dans notre société de
consommation déjà trop encombrée,
sans ajouter d'oripeaux formels
gratuits introduits dans le projet dans
le seul but de satisfaire le public."

Alberto Alessi

En conséquence, le minimalisme, en tant qu'exercice de simplification de l'entourage vital, suppose un effort d'introspection. Il nous aide à tracer le chemin conduisant à ce qui est réellement important ou indispensable. Appliquée à notre société, cette démarche ne suppose pas d'en arriver à l'extrême austérité de la communauté Shaker ou d'un monastère Zen. Chacun doit trouver le point d'équilibre entre la réduction du matérialisme, et le bien-être personnel. Le principe de base est le respect de l'espace, et des subtilités des matériaux et des détails. Il faut apprendre à trouver la beauté dans les choses les plus simples. De nombreuses subtilités sont mises à nues par les intérieurs minimalistes: l'effet de la lumière à travers l'espace, avec son jeu infini de création de lumières et d'ombres; ou encore l'impact incontestable d'une certaine couleur sur l'aspect général de la pièce.

■

"La fonction du créateur s'apparente
à celle d'une personne observant
le quotidien des gens pour visualiser
alors la forme capable d'améliorer
les choses."

Niels Diffrient

Dans un environnement où les sensations visuelles, spatiales et tactiles sont fondamentales, et où chaque détail a son importance, les effets produits par les couleurs sont indispensables pour obtenir une atmosphère harmonieuse. Une sensation visuelle harmonieuse signifie qu'elle est agréable à l'œil. Un environnement où règne l'harmonie chromatique transmet une sensation intrinsèque d'ordre et d'équilibre dans la perception visuelle. Lorsque l'harmonie est rompue, l'ensemble transmet une impression de chaos ou d'ennui, selon si la stimulation est trop forte ou trop faible. Il existe de très nombreux schémas chromatiques, ou combinaisons possibles, générant des modifications de l'équilibre dynamique des intérieurs. Par exemple, dans un schéma chromatique basé sur la combinaison de couleurs complémentaires, telles que le vert et le rouge, le contraste, et donc la stabilité visuelle, est maximum. En somme, une correcte, et parfois audacieuse utilisation des couleurs peut permettre d'obtenir des compositions ayant un objectif concret. Par exemple, il est possible d'ajouter de la profondeur à une pièce (par une surface blanche sur un mur noir), d'augmenter la luminosité (par des touches intenses de jaune), ou au contraire, de créer des zones d'ombre (par l'utilisation du noir, qui absorbe la couleur).

"È legittimo affermare che più un
popolo diventa raffinato, più la
decorazione scompare".

Le Corbusier, 1925

En conclusion, l'évolution du minimalisme repose sur un jeu de forts contrastes entre la neutralité des couleurs claires, et l'introduction d'intenses touches colorées. Il est également nécessaire de s'attacher à l'effort de contention et de précision, pour parvenir à la préservation de l'espace vide. La combinaison du minimalisme et de la couleur doit permettre que le résultat final soit fidèle au principe minimaliste de réduction des formes. Elle doit renforcer la capacité de chacun à se défaire de tout ce qui n'est pas essentiel. Le fonctionnalisme et la simplicité devront être à la base du choix des meubles, des textures et des couleurs, tout en tenant compte de la manière dont ils se coordonnent. Ainsi, les postulats du minimalisme le plus strict, dont l'extrême perfection et austérité donnaient souvent des habitations ressemblant plus à des demeures divines qu'à des espaces habitables par de simples mortels, parviennent aujourd'hui à s'humaniser.

La concentration des énergies mentales
dans les subtilités de la proportion se
situe au cœur même du mystère
minimaliste.

Les intérieurs minimalistes s'allient au pouvoir de la couleur. Ils deviennent ainsi plus agréables et plus souples. Le minimalisme se concentre sur l'élimination du désordre, de la confusion et du superflu, pour récupérer la valeur de la forme, ainsi que le sens de notre entourage. Il se réduit à l'essentiel, et devient de cette manière un langage universel compris par tout le monde. En exposant les éléments de la façon la plus simple et claire possible, il crée un espace faisant directement appel aux sens, et établissant une relation directe entre la neutralité et l'enrichissement de l'expérience. En tant que philosophie voulant améliorer la société, le minimalisme établit des règles pour éliminer de l'environnement domestique le superflu et l'attachement aux choses matérielles. Son dessein est de créer des intérieurs, dans lesquels chacun peut trouver un équilibre, et établir de nouveaux moyens de communication avec le monde et avec lui-même. Cet effort de détachement génère ainsi des espaces avec une plus grande marge de liberté. Des espaces où l'individu se sent le maître de son environnement, et non son serviteur.

" ... que les gens en soient conscients
ou non, aujourd'hui, ils tirent leur aspect
et leur nourriture de l'atmosphère
des choses qui les entourent. Ils y sont
attachés à l'instar de la plante quand
elle s'enracine dans la terre."

Frank Lloyd Wright

l' index mobilier

adresses

ACERBIS International spa
Via Brusaporto 31
24068 Seriate (Bg)
ITALIE
Tel. + 39 035 294 222
Fax. + 39 035 291 454
info@acerbisinternational.com

ALNO AG
88629 Pfullendorf
ALLEMAGNE
Tel. + 49 (0) 7552 21-0
Fax. + 49 (0) 7552 213 789
mail@alno.de

ARTQUITECT
C/Comercio, 31
08003 Barcelona
ESPAGNE
Tel. + 34 932 683 096
Fax. + 34 932 687 773
artquitect@artquitect.net

AXIA srl
Via delle Querce 9
31033 Castelfranco Veneto (Treviso)
ITALIE
Tel. + 39 0423 496 222
Fax. + 39 0423 743 733
axia@axiabath.it

B&B ITALIA spa
Strada Provinciale 32
22060 Novedrate (Como)
ITALIE
Tel. + 39 031 795 213
Fax. + 39 031 795 224
beb@bebitalia.it

BELLATO
Via Azzi, 36
31040 Castagnole di Paese (Tv)
ITALIE
Tel. + 39 0422 438 800
Fax. + 39 0422 438 555
infobellato@pallucobellato.it

BIS BIS IMPORTS BOSTON
4 Park Plaza
Boston, MA 02116
ETATS-UNIS
Tel. + 1 617 350 7565
Fax. + 1 617 482 2339
info@bisbis.com

CALLIGARIS
Viale Trieste, 12
33044 Manzano (Udine)
ITALIE
Tel. + 39 0432 748 211
Fax. + 39 043 250 104
info@calligaris.it

CATTELAN ITALIA spa
Via Pilastri 15 z.i. Ovest
36010 Carre' (Vi)
ITALIE
Tel. + 39 0445 318 711
Fax. + 39 0445 314 289
info@cattelanitalia.com
CLUB 8 COMPANY
Fabriksvej, 4 -P.O. Box 74
6870 Ogold
DANEMARK
Tel. + 45 7013 1366
Fax. + 45 7013 1367
club8@club8.com

COR SITZMÖBEL
Nonenstraße 12
D-33378 Rheda-Wiedenbrück
ALLEMAGNE
Tel. + 49 (0) 5242 4102-0
info@cor.de

DAB (DISEÑO ACTUAL BARCELONA)
Avda. de la Cerdanya, Nau 10;
Pol. Ind. Pomar de Dalt
8915 Badalona (Barcelona)
ESPAGNE
Tel. + 34 934 650 818
Fax. + 34 934 654 635
info@dab.es

DADA
Strada Provinciale 31
20010 Mesero
ITALIE
Tel. + 39 029 720 791
Fax. + 39 0297 289 561
dada@dadaweb.it

DO+CE MUEBLES DOCE,S.L.
Pol.Ind.Massanassa C/N.1 Nave 44
46470 Massanassa (Valencia)
ESPAGNE
Tel. + 34 961 252 467
Fax. + 34 961 252 554
doce@do-ce.com

DORNBRACHT
Köbbingser Mühle, 6
58640 Iserlohn
ALLEMAGNE
Tel. + 49 (0) 2371 433 0
Fax. + 49 (0) 2371 433 232
mail@dornbracht.de

DURAVIT ESPAÑA
Balmes 184, 4° 1ª
08006 Barcelona
ESPAGNE
Tel. + 34 932 386 020
Fax. + 34 932 386 023
info@es.duravit.com

E15 GMBH
Hospitalstraße 4
61440 Oberursel
ALLEMAGNE
Tel. + 49 (0) 6171 582 577
Fax. + 49 0 61 71 582 578
asche@e15.com

ELLEDUE ARREDOBAGNO - GRUPO COPAT
Viale L. Zanussi, 9
33070 Maron di Brugnera (Pn)
ITALIE
Tel. + 39 0434 617 111
Fax. + 39 0434 617 212
info@copat.it

FEBAL CUCINE
Via Provinciale 11
61025 Montelabbate
ITALIE
Tel. + 39 0721 426 262
Fax. + 39 0721 426 284
export@febal.it

GIORGETTI spa
Via Manzoni 20
20036 Meda (Mi)
ITALIE
Tel. + 39 036 275 275
Fax. + 39 036 275 575
giorspa@giorgetti-spa.it

GLAS
Via Cavour 29
20050 Macherio (Mi)
ITALIE
Tel. + 39 0392 323 202
Fax. + 39 0392 323 212
glas@glasitalia.com

HORM
Via Crocera di Corva, 25
33082 Azzano Decimo (Pordenone)
ITALIE
Tel. + 39 0434 640 733
Fax. + 39 0434 640 735
horm@horm.it

HOUSE SISTEMA-GRUPO COPAT
Viale L. Zanussi, 9
33070 Maron di Brugnera (Pn)
ITALIE
Tel. + 39 0434 617 111
Fax. + 39 0434 617 212
info@copat.it

INGO MAURER GmbH
Kaiserstrasse 47
80801 München
ALLEMAGNE
Tel. + 49 (0) 89381 6060
Fax. + 49 (0) 89381 60620
www.ingo-maurer.com

JUVENTA
Slipstraat, 4
8880 Ledegem
BELGIQUE
Tel. + 32 56 50 01 91
Fax. + 32 56 50 39 37
juventa@juventa.be

KERAMAG AG
Kreuzerkamp 11
D-40878 Ratingen
ALLEMAGNE
Tel. + 49 (0) 2102/916-0
Fax. + 49 (0) 2102/916-245
info@keramag.de

KEUCO GmbH
Postfach 1365
D-58653 Hemer
ALLEMAGNE
Tel. + 49 (0) 2372 90 4-0
Fax. + 49 2372 90 42 36
info@keuco.de

KLENK COLLECTION
Industriestraße 34
72221 Haiterbach
ALLEMAGNE
Tel. + 49 (0) 7456 938 20
Fax. + 49 (0) 7456 93 82 40
klenk-collection@t-online.de

LAGO srl
Via Morosini 22/24
35010 San Giogio in Bosco (Padova)
ITALIE
Tel. + 39 0495 994 299
Fax. + 39 0495 994 199
info@lago.it

LUBE OVER CUCINE
Dell'Industria 4
62010 Treia
ITALIE
Tel. + 39 07 338 401
Fax. + 39 0733 840 115
www.lubeover.it

MAISA sas
Corso Garibaldi 80
20020 Seveso (Mi)
ITALIE
Tel. + 39 0362 500 971
Fax. + 39 0362 500 974

MATTEO GRASSI
Via Padre Rovanati, 2
22066 Mariano Comense
ITALIE
Tel. + 39 031 757 711
Fax. + 39 031 748 388
info@matteograssi.it

MAXALTO
Strada Provinciale 32
22060 Novedrate (Como)
ITALIE
Tel. + 39 031 795 213
Fax. + 39 031 795 224
beb@bebitalia.it

METHODO srl
Via Molinetto, 70
31030 Saletto di Breda di Piave (TV)
ITALIE
Tel. + 39 0422 686 132
Fax. + 39 0422 686 587
info@methodotp.com

MINOTTI CUCINE
Via Napoleone, 31
37015 Ponton (Vr)
ITALIE
Tel. + 39 0456 860 464
Fax. + 39 0457 732 678
info@minotticucine.it

MISURA EMME
Via IV Novembre, 72
22066 Mariano Comense(Co)
ITALIE
Tel. + 39 031 754 111
Fax. + 39 031 754 111
info@misuraemme.it

SARILA (GROUPE MOBALPA) - Sté
Fournier
39 Rue de la Saulne, B.P. 22
74230 Thônes
FRANCE
Tel. + 33 450 65 53 81
Fax. + 33 450 65 52 04

MOBILEFFE spa
Via Ozanam, 4
20031 Cesano Maderno (Mi)
ITALIE
Tel. + 39 0362 502 212
info@mobileffe.com

mb - MOBLES BELLMUNT
C. del Puig, 12
08050 Roda de Ter (Barcelona)
ESPAGNE
Tel. + 34 938 500 038
Fax. + 34 938 500 245
moblesbellmunt@infonegocio.com

MÖLLER DESIGN
Residenzstraße 16
32657 Lemgo
ALLEMAGNE
Tel. + 52 61 98 59-5
Fax. + 52 61 8 92 18
info@moeller-design.de

NANI MARQUINA
Carrer Església 4-6, 3er D
08024 Barcelona
ESPAGNE
Tel. + 34 932 376 465
Fax. + 34 932 175 774
info@nanimarquina.com

PERFORMA gmbh
Marbacher Straße 54
D-74385 Pleidelsheim
ALLEMAGNE
Tel. + 49 (0) 7144 898 869
Fax. + 49 (0) 7144 898 876
tratsch@performa.de

PEROBELL
Avda. Arraona 23
08205 Sabadell (Barcelona)
ESPAGNE
Tel. + 34 937 457 900
Fax. + 34 937 271 500
info@perobell.com

POGGENPOHL
Poggenppohlstraße 1
32051 Herford
ALLEMAGNE
Tel. + 49 (0) 5221 3 81
Fax. + 49 (0) 5221 3 81 3 21
info@poggenpohl.de

POLIFORM spa
Via Monte Santo 28
22044 Inverigo (Como)
ITALIE
Tel. + 39 0316 951
Fax. + 39 031 699 444
info.poliform@poliform.it

PORRO INDUSTRIA MOBILI srl
Via per Cantu' 35
22060 Montesolaro (Como)
ITALIE
Tel. + 39 031 780 237
Fax. + 39 031 781 529
info@porro.com

RAPSEL
Via Volta 13
20019 Settimo Milanese (Milano)
ITALIE
Tel. + 39 023 355 981
www.rapsel.it

RATTAN WOOD spa
Via S.Rocco 37
31010 Moriago (Treviso)
ITALIE
Tel. + 39 0438 966 307
Fax. + 39 0438 966 413
info@rattanwood.it

ROBOTS spa
Via Galvani 7
20082 Binasco (Milano)
ITALIE
Tel. + 39 029 054 661
Fax. + 39 029 054 664
info@robots.it

ROCA
Avda. Diagonal, 513
08029 Barcelona
ESPAGNE
Tel. + 34 933 661 200
Fax. + 34 934 194 501
www.roca.es

ROCHE BOBOIS
Muntaner, 266-268
08021 Barcelona
ESPAGNE
Tel. + 34 932 404 056
Fax. + 34 934 140 873
www.rochebobois.fr

SANTA & COLE
Stma. Trinidad del Monte, 10
08017 Barcelona
ESPAGNE
Tel. + 34 934 183 396
Fax. + 34 934 183 812
info@santacole.com

SCAVOLINI SPA
Via Risara 60-70/ 74-78
61025 Montelabbate
ITALIE
Tel. + 39 07 214 431
Fax. + 39 0721 443 404
contact@scavolini.com

TECTA
Sohnreystraße 10
37697 Lauenförde
ALLEMAGNE
Tel. + 49 (0) 5273 378 90
Fax. + 49 (0) 5273 378 933
info@tecta.de

TISETTANTA spa
Via Tofane, 37
20034 Giussano (Mi)
ITALIE
Tel. + 39 03 623 191
www.tisettanta.it

TOSCOQUATTRO srl
Via Sila, 40 c
59100 Prato
ITALIE
Tel. + 39 0574 815 535
Fax. + 39 0574 815 384
toscoquattro@toscoquattro.it

TRIANGOLO S.R.L.
Via Icaro 10
61100 Pesaro
ITALIE
Tel. + 39 07 214 253
Fax. + 39 0721 425 325
triangolo@triangolo.com

VERARDO spa
Via Porderone, 28
33070 Tamai (PN)
ITALIE
Tel. + 39 0434 600 311
Fax. + 39 0434 627 155
valentina.b@verardoitalia.it

VICCARBE
Travesia Camí del racó, s/n
46469 Beniparrell (Valencia)
ESPAGNE
Tel. + 34 961 201 010
Fax. + 34 961 211 211
viccarbe@viccarbe.com

VIELER INTERNATIONAL
Breslauer Straße 34
D-58614 Iserlohn
ALLEMAGNE
Tel. + 49 (0) 2374/52-0
Fax. + 49 (0) 2374 52268
info@vieler.com

ZANETTE spa
Via Trieste 4
33070 Maron di Brugnera (Pordenone)
ITALIE
Tel. + 39 0434 623 151
Fax. + 39 0434 624 298
info@zanette.it

ZANOTTA spa
Via Vittorio Veneto 57
20054 Nova Milanese (Mi)
ITALIE
Tel. + 39 03 624 981
Fax. + 39 0362 451 038
zanottaspa@zanotta.it